El detective Top Hat Tompkins

por Jason Lublinski

ilustrado por
Aleksey Ivanov

Scott Foresman
is an imprint of

Glenview, Illinois • Boston, Massachusetts • Chandler, Arizona
Upper Saddle River, New Jersey

Every effort has been made to secure permission and provide appropriate credit for photographic material. The publisher deeply regrets any omission and pledges to correct errors called to its attention in subsequent editions.

Unless otherwise acknowledged, all photographs are the property of Scott Foresman, a division of Pearson Education.

Illustrations by Aleksey Ivanov

ISBN 13: 978-0-328-52870-7
ISBN 10:   0-328-52870-6

Top Hat Tompkins era el detective más joven de todo el mundo.

Aunque era muy joven, también era muy famoso. Detectives adultos importantes de países lejanos como Alemania y Perú lo visitaban con frecuencia y le pedían ayuda. Venían de lejos y de cerca porque Top Hat era un detective grandioso. Si existieran campeonatos de detectives, él sería el mejor. Podía encontrar a cualquier persona u objeto desaparecido, sin importar qué tan perdido estuviera. Podía resolver cualquier misterio sin importar cuán misterioso fuera.

A dondequiera que fuera, Top Hat siempre usaba un enorme sombrero de copa. Creía que un detective debía vestirse bien y creía que el sombrero de copa era el más bonito de todos los sombreros.

Una mañana brillante y clara de primavera, Top Hat trabajaba en su oficina cuando su buen amigo Sid Sefferlump llegó corriendo a la habitación.

—¡Salamandras! —exclamó Sid.

—¿Qué dijiste? —preguntó Top Hat.

—¡Salamandras! —chilló Sid de nuevo, esta vez un poco más fuerte—. ¡No, no! ¡SALAMANDRAS!

—Sid, tú eres mi mejor amigo —dijo Top Hat con paciencia—. Pero no tengo idea de qué hablas. Trata de decir algo más que "salamandras".

—Yo... Es decir... mis... ¡Mis salamandras han desaparecido! —afirmó Sid.

—¿Desaparecidas? —preguntó Top Hat, sorprendido.

—¡Así es! —dijo Sid. Ahora hablaba con más facilidad—. ¡Han desaparecido! ¡Las siete!

—¡Eso es terrible! —exclamó Top Hat. Sabía lo importante que eran las salamandras para Sid. Desde que Sid había aprendido sobre los anfibios en libros de consulta y en una exhibición en el zoológico hacía dos meses, había quedado enamorado de las pequeñas criaturas.

—Pero, ¿qué sucedió? —preguntó Top Hat
a su amigo.

—Bien —respondió Sid, lagrimeando—. Yo estaba
en el parque Hennessy jugando al "Rey Arturo" con
mis salamandras en una mesa de picnic. Acababa
de poner las salamandras en mi fuerte modelable
cuando vi una mariposa de color amarillo brillante
pasar por allí.

—Era tan bonita, que decidí seguirla —continuó—.
Cuando regresé a la mesa de picnic, el fuerte había
desaparecido, ¡y también mis salamandras!

—Todo lo que quedó fue un enorme charco —dijo Sid, lloriqueando.

—¿Un charco? —preguntó Top Hat—. ¡Qué misterioso!

—Tú eres el mejor detective del mundo, Top Hat —dijo Sid—. ¿Puedes ayudarme a recuperar mis salamandras?

—Sid, me encantará ayudarte —dijo Top Hat—. ¿Alguien más estaba en el parque cuando desaparecieron?

—Sí —respondió Sid—. Penny Prundle, Ralph Moobly y mi hermano mayor, Hugh, estaban allí. ¿Crees que alguno de ellos tomó mis salamandras?

—Puede ser —dijo Top Hat—. Sigue mis instrucciones, vamos a investigar.

Unos minutos después, Top Hat y Sid llegaron a la casa de Penny Prundle. Ella estaba leyendo un libro.

Penny era la niña más hermosa del barrio y una de las más inteligentes. Top Hat no pensaba que ella fuera tan cruel como para tomar las salamandras de Sid. Pero, como detective, también sabía que nunca puedes estar seguro de estas cosas cuando se trata de un delito.

—Hola, Top Hat —dijo Penny—. Hola, Sid. ¿Qué hacen aquí?

—Hemos venido a hacerle algunas preguntas, señorita Prundle —respondió Top Hat—. Exactamente ¿qué estaba haciendo usted esta mañana alrededor de las 10?

—¿Por qué? Estaba en el parque —respondió Penny—. Estaba practicando una canción.

Penny empezó a cantar: "Ay, carrito, ¿dónde estas? Conducirte quiero ya".

—¡Ajá! —exclamó Top Hat—. ¡Muy interesante! Gracias por su tiempo.

—¿Descubriste algo importante, Top Hat? —preguntó Sid cuando salieron de la casa de Penny.

—¡Sí! —respondió el detective—. Penny dijo que estaba cantando "Ay, carrito, ¿dónde estás? Conducirte quiero ya". Pero todos sabemos que las palabras son "Estrellita ¿dónde estás? Quiero verte titilar".

—¿Eso quiere decir que ella robó mis salamandras? —preguntó Sid.

—Tal vez —dijo Top Hat—. O simplemente puede ser que no sepa la letra correcta de la canción. No lo sabremos hasta que hablemos con Ralph Moobly; necesitaremos energía y calorías para resolver este misterio.

Unos minutos después, Top Hat y Sid hablaban con Ralph Moobly, un niño bajito que siempre usaba enormes lentes oscuros.

—¿Esta mañana? Bueno, eh... Estaba practicando mi lanzamiento de hockey. Tenemos que poder defendernos con el equipo en nuestro próximo juego. No podemos permitir que lleguen a nuestra portería —dijo Ralph, que parecía incómodo.

—¿Qué sabes sobre salamandras? —le preguntó Top Hat.

—¡Guácala! —exclamó Ralph—. No me gustan los lagartos. ¡Esas cositas horribles y escamosas! Reptiles, ¡bah!

—¡Retira lo dicho! —gritó Sid.

—Cálmate, Sid —dijo Top Hat precipitadamente.

Top Hat y Sid se alejaron de Ralph, que regresó a jugar hockey en la calle.

—Entonces, ¿qué descubrimos? —preguntó Sid, entusiasmado.

—Bien —dijo Top Hat—. Ralph cometió un error importante. Llamó a las salamandras reptiles, pero son anfibios. Eso significa que pasan parte de su vida en el agua y parte en tierra seca. También Ralph las llamó escamosas. Todos saben que las salamandras no tienen escamas.

—Sé que Ralph estaba equivocado. ¿Pero significa esto que Ralph tomó mis salamandras? —preguntó Sid.

—Quizás —dijo Top Hat pensativo—. O quizás simplemente significa que no sabe mucho sobre salamandras. Para obtener un resultado tendremos que hablar con tu hermano mayor, Hugh, antes de estar seguros.

Hallaron a Hugh en su habitación, que estaba helada. Estaba helada porque casi toda ella era un refrigerador gigante. Hugh estaba dentro, tallando esculturas de hielo alegremente.

—Ah, veo que trajiste a tu amigo, el mejor detective del mundo —dijo Hugh a su hermano, despectivamente.

—Hola, Hugh —dijo Top Hat, ignorando el sarcasmo del chico mayor—. Queríamos hacerte algunas preguntas. ¿Qué estabas haciendo a la 10 de esta mañana?

—Bueno, es fácil —respondió—. Estaba en el parque. Estaba leyendo un libro sobre Sir Edmund Hillary. Fue el famoso explorador que viajó a la Antártida. ¡Usaba un uniforme genial!

—En realidad te gusta mucho el frío, ¿no es así? —preguntó Top Hat.

—Tienes razón —respondió Hugh—. Me encanta el frío. ¿Ves todas estas bellezas?

Señaló una serie de esculturas de hielo ordenadas en su gran refrigerador. Incluían un castillo, un cisne y un pastel de cumpleaños hechos de hielo.

—Las hice yo mismo —dijo orgulloso.

Tan pronto como Top Hat y Sid salieron, Top Hat se volvió hacia su amigo.

—Tengo una última pregunta —dijo—, pero esta vez, la pregunta es para ti. El fuerte que estabas usando para jugar al Rey Arturo... ¿Lo hizo tu hermano para ti?

—Claro que sí —respondió Sid.

—Justo lo que pensé —afirmó Top Hat—. Sid, dame 10 minutos. Creo que podré recuperar tus salamandras.

—¿En serio? —preguntó Sid, emocionado.

—Sí —respondió Top Hat y se fue caminando rápido. Efectivamente, 10 minutos después estaba de regreso, cargando a las siete salamandras en una cajita de plástico.

—¡Mis salamandras! —gritó Sid—. ¡Han regresado!

—Fue fácil hallarlas, una vez que supe dónde buscar —dijo Top Hat, sonriendo—. ¿No adivinas dónde?

—¡No! —exclamó Sid—. ¡Estoy perplejo, estoy deslumbrado! No tengo idea. ¿Cómo lo hiciste?

—Todo se aclaró cuando supe que a tu hermano le gusta hacer figuras de hielo —respondió Top Hat, sonriendo aún—. Cuando me dijiste que él construyó el fuerte para ti, me diste la oportunidad de adivinar que también lo habría hecho de hielo. Así que, nadie robó tu fuerte ni tus salamandras, Sid.

—¿En serio? ¿Nadie? —preguntó Sid, confundido.

—Nadie —dijo Top Hat—. Mira, el agua cambia su estado a diferentes temperaturas. Si está suficientemente fría, el agua se convierte en hielo. Si está suficientemente caliente, ese hielo empieza a derretirse. Y hoy ha sido un día cálido y despejado.

—¿Estás diciendo que mi fuerte se derritió? —preguntó Sid.

—Así es —dijo Top Hat—. Cuando el fuerte se convirtió en agua, dejó un gran charco. Encontré a tus salamandras paseando por el pasto debajo de la mesa.

—¿Por qué no recordé que el hielo se derrite al calor del sol? —se quejó Sid.

Justo entonces, un niño alto de cara enrojecida llegó corriendo hasta ellos.

—¡Top Hat! —gritó—. ¡Tienes que ayudarme! ¡Alguien acaba de robar mi extraña y valiosa colección de hombres de nieve de mi patio!

—¡Cielos!… —exclamó Top Hat.

Las muchas formas del agua

El agua puede tomar muchas formas dependiendo de su temperatura. Puede parecer un líquido. ¡También puede convertirse en un gas o en un sólido!

Si calientas agua a 212° F o más, hierve y se convierte en vapor. El vapor es un gas.

Si el agua se enfría por debajo de 32° F, se congela. Se convierte entonces en sólido, o hielo.

Si la temperatura es superior a 31° F, el hielo empieza a derretirse. Vuelve a su forma líquida.